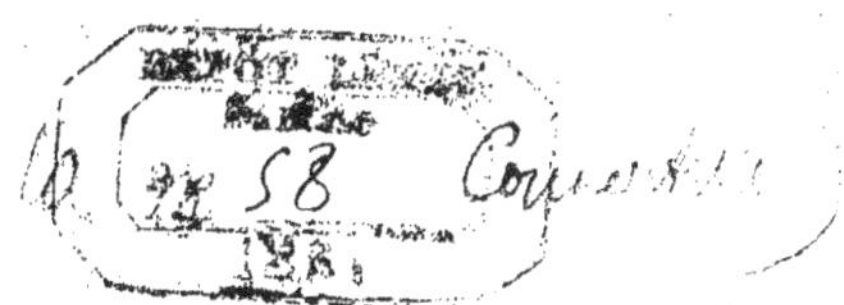

CHAMBRE DE COMMERCE DU MANS

RAPPORT

DE

M. A. LEBERT

Ancien Président du Tribunal de Commerce du Mans, Président de la Chambre de Commerce

SUR LES

PROJETS DE RÉFORME

De la Loi des Faillites

DES

CONCORDATS AMIABLES ou LIQUIDATIONS JUDICIAIRES

LE MANS

IMPRIMERIE ERNEST LEBRAULT
4, RUE AUVRAY, 4

—

1885

CHAMBRE DE COMMERCE DU MANS

RAPPORT

DE

M. A. LEBERT

Ancien Président du Tribunal de Commerce du Mans, Président de la Chambre de Commerce

SUR LES

PROJETS DE RÉFORME

DE LA LOI DES FAILLITES

DES

CONCORDATS AMIABLES OU LIQUIDATIONS JUDICIAIRES

RÉFORME DE LA LOI DES FAILLITES

Des Concordats amiables ou Liquidations judiciaires

Le Code de Commerce de 1807, revisé en 1838, a réglementé dans son livre III les faillites et banqueroutes ; il a établi un ensemble de dispositions très logique et très complet pour arriver à la liquidation des biens du commerçant tombé en mauvaises affaires ; mais on lui reproche :

1° D'instituer une procédure très longue, qui fait attendre trop longtemps une solution ;

2° De traiter trop durement le commerçant qui n'a commis aucun acte de mauvaise foi en lui imposant les humiliations de la faillite, et les déchéances qui en sont la suite.

Depuis plusieurs années des projets de réforme ont été

proposés pour donner satisfaction à ces plaintes; ces idées ont pris corps et ont été formulées en un projet présenté à la Chambre par M. Saint-Martin, député de Vaucluse, et plusieurs de ses collègues.

Ce projet supprimait complètement la faillite; la liquidation qu'il organisait n'offrait pas de garanties suffisantes; le débiteur restait, au moins pendant un certain temps en possession de l'actif. D'un autre côté, par une rigueur excessive envers ce même débiteur, le concordat était aboli. Plus de remise de dette possible; le débiteur pouvait obtenir des délais pour se libérer, mais il devait payer sa dette intégralement, ou rester perpétuellement en liquidation et exposé aux poursuites de ses créanciers.

De son côté, le gouvernement a déposé, en juillet 1882, un projet élaboré par le Conseil d'État. Ce projet maintient dans son ensemble les formalités édictées par la loi de 1838, en y apportant seulement quelques modifications de détail dont l'utilité avait été indiquée par la pratique; en outre, dans ce projet, on a essayé d'établir une distinction entre le débiteur malheureux et de bonne foi, et le débiteur qui s'est rendu coupable de fraude.

La faillite n'est plus déclarée dès le début de la procédure; le premier jugement constate seulement la cessation de paiement; la procédure suit son cours dans les formes prescrites jusqu'à ce jour, et lorsque la vérification de créances est terminée, lorsqu'on peut apprécier la conduite du débiteur, et les causes de sa ruine, alors intervient, soit le concordat, soit la continuation de la liquidation judiciaire, soit la déclaration de faillite avec ses conséquences ordinaires.

Ces deux projets bien différents, pris en considération par la Chambre, ont été renvoyés devant une Commission spéciale qui a choisi pour rapporteur M. Laroze.

La Commission a pensé que le premier projet n'offrait pas aux créanciers de garanties, qu'il était préjudiciable à tous les intéressés en n'admettant pas le concordat.

D'un autre côté elle trouvait que le second projet ne donnait pas satisfaction aux plaintes formulées contre la législation actuelle.

Enfin, s'inspirant d'un projet sur les concordats amiables déposé par MM. Dautresme et R. Waddington, elle a elle-même rédigé un nouveau projet que nous avons à examiner.

La Commission partant de cette idée que le commerçant gêné diminue abusivement son actif, et se rend souvent coupable d'actes frauduleux en voulant à tout prix éviter la faillite, a voulu lui donner un intérêt majeur à faire connaître lui-même sa position dès l'instant où il ne peut plus faire régulièrement ses paiements.

Pour le débiteur qui fera en temps cette déclaration, elle organise une liquidation judiciaire, qui, dans l'hypothèse ou aucune fraude n'est découverte, doit aboutir ordinairement à l'obtention du concordat.

Si, au contraire, le débiteur ne fait pas sa déclaration dans les dix jours du moment où il a cessé ses paiements ; si les créanciers et le tribunal ont des motifs sérieux pour suspecter sa bonne foi, alors, pas de concordat, la faillite est déclarée et liquidée selon les règles ordinaires.

La Commission déclare qu'elle a voulu, tout en évitant au débiteur malheureux les rigueurs de la faillite, assurer

la complète réalisation de l'actif et discuter scrupuleuse-
ment les titres de ceux qui se prétendent créanciers. Elle
pose en principe la nécessité :

1° Du dessaisissement du débiteur ;

2° De la vérification des créances faite contradictoire-
ment avec toutes les parties intéressées. Voyons si elle a
complètement réalisé son programme ; voyons comment
la liquidation judiciaire est organisée.

§ Ier

Tout commerçant qui, ayant cessé ses paiements, fera
la déclaration de ce fait au greffe dans les dix jours,
pourra demander le bénéfice de la liquidation judiciaire.

Le tribunal statue par un jugement délibéré en chambre
du conseil et rendu en audience publique ; ce jugement
ne doit pas être publié

Nous croyons la publication de ce jugement nécessaire ; on doit procéder comme en matière de faillite à
l'établissement du passif, à la vérification des créances ;
il est indispensable qu'un avis de produire soit adressé
aux créanciers connus et inconnus ; ce serait une illusion
de croire qu'on trouvera le nom de tous les créanciers
sur les livres ; dans le petit commerce, les créanciers
pour argent prêté n'y figurent presque jamais ; les accep-
tations d'effets, les entrées de marchandises, ne sont pas
notées régulièrement ; les factures sont souvent égarées ;
il ne faut pas oublier que nous nous occupons de commer-
çants qui n'ont pas su faire honneur à leurs affaires ; qui
n'ont pas d'ordre, et qui, même sans mauvaise foi, peuvent
omettre le nom de quelques créanciers.

Du reste, on n'aperçoit pas le motif qui ferait renoncer à cette publicité ; il s'agit d'un commerçant qui va être en liquidation judiciaire pendant plusieurs mois ; il y aura des réunions pour la vérification des créances et pour le concordat ; le débiteur ne peut espérer sortir de cette phase critique sans que sa situation soit connue sur la place où il réside ; la publication du jugement n'ajoutera rien à son discrédit.

Les auteurs du projet posent en principe le dessaisissement du débiteur ; cependant on cherche à mitiger un peu ce dessaisissement dans la forme. Le débiteur reste chez lui, dans son magasin, c'est lui-même qui écoulera les marchandises et fera les encaissements, mais en suivant les instructions des surveillants que nous allons énumérer.

Le jugement qui ouvre la liquidation nomme : 1° un liquidateur ou administrateur judiciaire; 2° un juge-commissaire à la liquidation ; puis les créanciers, dans leur première réunion, nommeront deux ou plusieurs d'entre eux pour surveiller la marche de la liquidation.

Dans la faillite actuelle, nous voyons deux rôles bien distincts : celui du syndic, qui administre; et celui du juge-commissaire, qui surveille la gestion et autorise les actes importants.

Dans la nouvelle organisation, le débiteur continue à être le gérant, au moins apparent, et il a trois surveillants superposés : le liquidateur, les contrôleurs créanciers, le juge-commissaire ; le rôle du liquidateur devient difficile, et il est à craindre que les responsabilités deviennent illusoires en se dédoublant ainsi.

§ II

Le nouvel article 440 porte que le liquidateur, dès qu'il est nommé (dans les vingt-quatre heures), doit arrêter les livres et les signer, c'est évidemment pour empêcher le débiteur de faire des recouvrements à son insu; c'est pour prendre charge, comme le syndic actuel, d'un des éléments de l'actif, les créances à recouvrer; mais il est un autre élément de l'actif, souvent plus important, ce sont les marchandises en magasin; le projet ne s'en occupe pas; il ne prescrit pas d'inventaire.

L'inventaire nous paraît indispensable à tous égards; on ne peut laisser cette partie de l'actif à la disposition du débiteur sans en avoir contrôlé l'importance; on a besoin, même en supposant le débiteur de bonne foi, de s'assurer de la valeur vénale des marchandises, de voir si ce débiteur ne se fait pas illusion sur l'importance de son actif.

Aux termes de l'article 446, le débiteur *assisté* du liquidateur doit présenter aux créanciers un état de situation qui contient l'énumération et l'*évaluation* des valeurs, etc.

Les créanciers nomment des créanciers contrôleurs qui doivent vérifier avec le liquidateur cet état de situation.

Il est évident que cet article ne peut être observé s'il n'est pas fait d'inventaire des marchandises; que le liquidateur et les créanciers contrôleurs ne pourraient, en l'absence d'inventaire, assumer la responsabilité de certifier aux créanciers la situation du débiteur et encore moins celle qui leur incombe naturellement, de réaliser et convertir en deniers la valeur pour laquelle ces marchandises ont figuré au bilan.

L'inventaire est donc nécessaire : il devrait être fait par le liquidateur et être terminé dans les dix jours qui suivront sa nomination.

§ III

Les auteurs du nouveau projet attachent avec raison une grande importance à ce que la vérification des créances se fasse d'une manière très sérieuse, c'est le seul moyen d'éviter la fraude et de maintenir l'égalité entre les créanciers. Comme dans la législation actuelle, les créanciers devront produire leurs titres au greffe ; justifier de leurs créances, au besoin, par leurs livres ou autres documents ; répondre aux observations du débiteur, du liquidateur et de tous créanciers déjà vérifiés, et en cas de contestation, être renvoyés devant le Tribunal, qui statuera sur le contredit dans les trois semaines au plus tard.

Ces dispositions ont pour but d'assurer la sincérité des créances admises au passif ; mais pour que la liquidation soit irréprochable, il ne suffit pas d'écarter du passif tout ce qui pourrait l'enfler indûment, il faut aussi s'assurer qu'il n'a été rien diverti de l'actif ; qu'il n'a été disposé indûment d'aucun de ses éléments ; ce qui revient à dire que, si un créancier a été payé à une époque où le débiteur était déjà en suspension de paiement, il doit rapporter ce qu'il a reçu.

Cependant les demandes en nullité ou en rapport ne sont pas admises ; nous ne comprenons pas cette exclusion ; l'instruction de ces demandes n'est pas plus longue

que celle d'un compte contesté, qui peut donner lieu à une
vérification d'écriture; et elles sont nécessaires pour maintenir l'égalité entre les créanciers, principe qui doit dominer toute liquidation commerciale; de plus, en les
écartant, on diminue beaucoup pour le débiteur les chances d'obtenir un concordat; si des créanciers ont été payés
au détriment dela masse, ceux qui n'ont rien reçu ne voteront pas le concordat pour que la faillite suive son cours,
et que les gens trop habiles soient forcés de rapporter.
Les créanciers ne tolèrent pas, quand ils ont un moyen de
l'empêcher, que d'autres aient une situation privilégiée.

Qu'on ne dise pas qu'avec la nouvelle loi, le débiteur
n'accordera jamais à l'un de ses créanciers, plus qu'il ne
peut donner aux autres; après comme avant, le commerçant gêné aura longtemps l'espoir de se dégager sans
s'avouer vaincu par les difficultés; admettons qu'il ne
commettra plus les détournements de la dernière heure,
il n'en est pas moins vrai que les créanciers les plus exigeants obtiendront des garanties ou des acomptes qui
doivent être restitués si l'on en vient à une liquidation
judiciaire.

M. le rapporteur, en commentant l'article 471 au chapitre des faillites (page 61 du rapport), s'exprime ainsi :

« D'ailleurs, n'est-il pas vrai que les actions en rap
« port de sommes indûment payées, sont équitables au
« plus haut point; ne rétablissent-elles pas l'égalité entre
« les créanciers ». On ne saurait mieux dire; mais ce qui
est vrai en cas de faillite, ne l'est pas moins en cas de
liquidation judiciaire, l'expérience le démontrera promptement si la loi est votée. On ne doit pas méconnaître, en

effet, d'une part, que la liquidation judiciaire deviendra la règle, la faillite, l'exception ; d'autre part, qu'il est bien peu de liquidations *forcées* où il n'y ait pas utilité à exercer des rapports.

§ IV

DE LA DURÉE DES VÉRIFICATIONS

Le législateur veut abréger la période de vérification des créances ; il dit que dans la quinzaine les créanciers sont invités à produire leurs titres et il ajoute :

« La même convocation indique la date de la première « assemblée de vérification des créances. »

Cela ne suffit pas ; on pourrait fixer cette première séance à un mois ; si l'on veut aller vite, il faut indiquer d'une manière précise l'époque à laquelle doivent commencer les vérifications.

L'article 449 ajoute : « Le lendemain de la première assemblée de vérification, il est adressé une convocation à tous les créanciers, invitant ceux qui n'ont pas produit à faire leur production. »

« Les créanciers sont prévenus que cette assemblée sera « la dernière, elle a lieu quinze jours après la première. » Ainsi le nombre des séances de vérification serait limité à deux ; dans bien des affaires, il serait impossible de consacrer à l'examen des comptes tout le soin nécessaire, il est bien difficile de limiter ainsi à l'avance le nombre des séances de vérification.

Cela n'empêche pas de limiter au délai de quinze jours la durée des vérifications, les séances pouvant, selon les circonstances, se multiplier pendant cette période ; ce serait, dans quelques affaires, imposer une lourde charge au juge-commissaire ; mais l'amélioration qui en résulterait, serait si utile à toutes les parties, aux créanciers comme au débiteur, que le législateur ne doit pas hésiter à demander ce sacrifice au dévouement des magistrats.

Il n'est pas moins utile de fixer des délais très courts pour le jugement des contredits, tant en première instance qu'en appel.

§ V

DU CONCORDAT

Les dispositions du projet que nous étudions ont pour but principal de conduire aussi promptement que possible au concordat.

Le rapport démontre facilement l'utilité de ce traité, qui, remettant le débiteur à la tête de ses affaires, lui conserve son instrument de travail, lui permet de faire vivre sa famille, et même, s'il travaille plus prudemment que par le passé, lui facilite le moyen d'arriver à la réhabilitation.

Les créanciers, s'ils font un sacrifice, s'assurent souvent par le concordat, soit une garantie donnée par un parent du débiteur, soit un dividende supérieur à celui qu'eut donné la liquidation de l'union par voie judiciaire.

Ce traité est éminemment utile, si utile que la loi a voulu le favoriser, et qu'au lieu d'exiger pour sa conclusion la volonté, l'adhésion de tous les créanciers, elle a décidé que la majorité ferait loi ; la loi actuelle exige une double majorité ; il faut que les adhérents représentent la moitié plus un des créanciers en nombre, et les trois quarts en somme de créances vérifiées ; le nouveau texte abaisse aux deux tiers du total des créances la majorité en somme nécessaire pour l'obtention du concordat, nous ne saurions approuver cette innovation ; c'est une question délicate que celle d'apprécier si la remise demandée n'est pas exagérée, si le débiteur mérite qu'on lui confie à nouveau la gestion de ses biens ; en somme, il s'agit d'ôter à certains créanciers le droit de réaliser, par les voies ordinaires, les choses qui sont leur gage ; on ne doit passer outre que lorsqu'ils sont une minorité presque insignifiante ; la majorité des trois quarts n'était pas exagérée.

Nous croyons que la loi sur le concordat devrait mettre à son obtention une restriction nouvelle.

Le concordat, ainsi qu'on vient de le voir, est une faveur instituée par la loi pour donner au débiteur malheureux et de bonne foi le moyen de se relever ; il ne devrait être accordé qu'à ceux qui sont dignes de quelque intérêt et qui offrent des garanties de réussite pour l'avenir. Nous avons toujours trouvé scandaleux de voir accorder des concordats moyennant un dividende de 5 °/₀ payables en plusieurs années. Ces traités semblent faits pour exciter le débiteur à faire de nouvelles dupes et ils ont le tort d'innocenter un passé répréhensible. En effet, le commerçant qui en arrive à ce triste résultat, a eu au moins le tort grave de vivre trop longtemps aux dépens de ses créanciers et de continuer son commerce, alors qu'il était bien certain de ne pouvoir faire honneur à ses engagements.

Nous croyons qu'il serait bon de fixer un dividende

minimum au dessous duquel le concordat ne pourrait être obtenu, par exemple 20 °/₀ payable en trois ans. Le commerçant qui ne serait pas en mesure de remplir ces conditions, n'a rien à espérer de la carrière commerciale.

§ VI

DES DROITS DES FEMMES

La Commission, après un sérieux examen, a maintenu la législation actuelle, relativement aux droits des femmes de débiteurs faillis.

En principe nous croyons qu'elle a bien fait de résister à la demande de certains réformateurs qui voulaient faire perdre à la femme d'une manière générale, le bénéfice de l'hypothèque légale.

Le Code de Commerce, art. 557 et suivants, a pris les précautions nécessaires pour s'assurer de l'importance réelle des apports personnels de la femme, et nous croyons qu'il est bon d'assurer autant que possible, la conservation de ce patrimoine. La loi, en maintes circonstances, favorise d'une manière spéciale, les conventions matrimoniales ; de plus, tant que dure la communauté, la femme n'a aucun pouvoir d'administration, aucun moyen de s'opposer à la mauvaise gestion du mari, on conçoit que ses apports soient protégés d'une manière énergique par le droit de renonciation et par une hypothèque légale.

Si nous approuvons sans réserve les deux premiers paragraphes de l'art. 563 du Code de Commerce, qui donnent à la femme du commerçant failli une hypothèque légale pour garantir la reprise de ses *apports dûment justifiés*, il n'en est pas de même du § 3 qui accorde aussi l'hypothèque légale à la femme « pour l'indemnité des « dettes par elle contractées avec son mari. »

Ce dernier paragraphe devrait être, sinon supprimé, au moins modifié. Dans sa généralité il amène souvent un résultat regrettable et contraire à l'esprit de la loi des faillites qui est de maintenir l'égalité entre les créanciers.

Lorsqu'un commerçant est en état de cessation de paiements, il ne peut plus consentir une hypothèque à l'un de ses créanciers. S'il a tenté de le faire, et s'il survient un jugement reportant l'ouverture de la faillite à une date antérieure à l'acte constitutif d'hypothèque, cet acte est nul de droit s'il avait pour but de garantir une dette antérieurement contractée ; il est annulable, même lorsqu'il garantit une dette nouvelle, si le créancier a connu l'état de cessation de paiement.

Ce que le créancier et le débiteur ne peuvent faire directement est souvent réalisé à l'aide du § 3 de l'art. 563 ; on fait intervenir la femme du débiteur qui s'oblige solidairement avec son mari ; la femme acquiert ainsi aux termes du § 3, un recours contre son mari, avec hypothèque légale sur les propres de celui-ci ; elle subroge le créancier dans le bénéfice de son hypothèque légale ; et le créancier, obtient ainsi indirectement, *pendant la période suspecte*, une cause de préférence sur les immeubles d'un débiteur qui était sur le point de tomber en faillite.

La femme n'avait peut-être rien apporté à la communauté, elle n'avait jusque là aucune reprise à exercer ; son intervention n'a d'autre but que de créer une situation privilégiée au profit d'un créancier, même pour dette ancienne, et au détriment de la masse chirographaire.

Ce résultat, contraire à l'équité, a souvent été attaqué; la plupart des décisions judiciaires ont maintenu l'hypothèque légale de la femme, et validé la cession par elle faite au profit d'un créancier. (Cassation, 24 décembre 1860.)

On a dit que l'engagement de la femme, n'étant pas défendu par la loi, était licite et valable; qu'il impliquait un recours utile, garanti par l'hypothèque légale; que si la femme devait être privée de son hypothèque légale, la loi l'eut relevée de son obligation, ce qu'aucun texte ne faisait. (Lyon, 6 janvier 1876, P., 1876, p. 813.)

Cette argumentation est évidemment très juridique; elle laisse entrevoir que l'impossibilité de dégager la femme de son obligation est une des causes qui ont fait valider la cession d'hypothèque légale par elle faite au profit d'un créancier; et il est nécessaire qu'une disposition législative intervienne pour mettre fin à cette difficulté.

Quelques arrêts ont, il est vrai, décidé que la subrogation dans l'hypothèque légale de la femme n'était pas valable à l'égard de la masse, lorsqu'il était prouvé que la femme avait participé à la fraude du mari et du créancier.

Cette preuve n'est pas toujours facile à faire, et le préjudice peut exister même lorsque la femme a agi de bonne foi. Puis, quel sera le sort de l'engagement pris par la femme envers le créancier subrogé?

Trois arrêts de la cour de Nancy (4 août 1860, 10 août 1875, 19 mars 1879) ont décidé que l'engagement de la femme était nul comme celui du mari ; mais en général la jurisprudence de la Cour de Lyon a prévalu, et un arrêt de la Cour de Cassation (Chambre civile, 27 avril 1881, P., 1881, p. 1025) pose en principe que, même après la cessation de paiements, et avec la connaissance de ce fait, la femme peut s'obliger pour ou avec son mari, et que son engagement envers lé créancier doit s'exécuter.

Cette jurisprudence ne s'est pas établie sans de nombreuses controverses ; elle laisse la masse des créanciers exposée à subir une perte si la femme, ce qui est assez fréquent, a ignoré la cessation de paiement au moment où elle s'engageait ou si l'on ne peut prouver qu'elle a participé à la fraude.

Le maintien de l'obligation de la femme, basé sur la rigueur du droit actuel est très dur pour la femme qui n'a peut-être fait qu'obéir aux injonctions pressantes du mari ; de plus qui en profite ? Un créancier que nous supposons complice de la fraude.

Ne serait-il pas plus équitable de dire que l'obligation de la femme suivra le sort de l'obligation du mari, dont elle n'est que la conséquence et l'accessoire ; et d'introduire dans la loi une disposition nouvelle modifiant l'art. 563, § 3, en ce sens qu'une cause purement volontaire, comme une obligation contractée par la femme dans l'intérêt de son mari ne puisse donner naissance à l'hypothèque légale, dès qu'il y a cessation de paiement.

Cette modification nous semble d'autant plus indiquée,

que les auteurs du nouveau projet, redoutant le danger des actes faits pendant la période suspecte, ont voulu donner une nouvelle force à l'art. 447 du Code de Commerce. Les actes visés par cet article seront nuls et non plus seulement annulables, dès que le créancier en cause aura connu la cessation de paiement.

En cas de faillite du mari commerçant, la femme demande sa séparation de biens et l'obtient sans difficulté ; les frais de cette séparation, qui, dans les petites affaires dépassent cinq cents francs, sont payés par privilège ; cette collocation par privilège nous paraît faite sans droit.

On ne peut dire, certes, que ces frais profitent à la masse, puisqu'ils sont faits pour exercer des droits contre elle ; la créance de la femme, exerçant ses reprises, n'est pas privilégiée, pourquoi l'accessoire le serait-il ? Reste le principe que les privilèges sont de droit étroit et ne doivent pas être étendus en dehors des cas prévus par la loi et cette considération, que tout prélèvement fait sur une masse de faillite, a une influence sensible et funeste sur le dividende des créanciers chirographaires ; nous croyons donc que ce privilège ne devrait plus être admis.

La Chambre approuve le rapport ci-dessus et décide qu'il sera adressé à M. le Ministre du Commerce.

Le Mans. — Imp. E. Lebrault, 4, rue Auvray. — 23,739.